EL LIVERPOOL FC

EL LIVERPOOL FC

ODISEAS

JIM WHITING

CREATIVE EDUCATION · CREATIVE PAPERBACKS

Publicado por Creative Education y Creative Paperbacks
P.O. Box 227, Mankato, Minnesota 56002
Creative Education y Creative Paperbacks
son sellos de The Creative Company
www.thecreativecompany.us

Diseño de Graham Morgan
Dirección artística de Tom Morgan
Editado por Kremena Spengler

Imágenes de Alamy Stock Photo/Orange Pictures, portada; Ansa Archive, 52; Colorsport, 12, 24, 26, 30-31, 34-35, 63, 78; Eddie Keogh/Reuters, 75; Geoff Caddick, 56; Getty Images/Andrew Powell, 64, Chris Smith/Popperfoto, 44-45, Christian Liewig - Corbis, 59, Icon Sport, 48, Justin Setterfield, 69, Laurence Griffiths, 8-9, PA Images, 39, Paul Popper/Popperfoto, 51; Jon Super, 60-61, Kai Pfaffenbach/Reuters, 70-71, Matt Bunn, 6; PETER POWELL, 2; Shutterstock/Olga Popova, 36; Wikimedia Commons/Agence Rol, 29, Anefo, 4-5, Eric The Fish, 11, dominio público, 14-15, 19, 20, Steffen Prößdorf, 66
Se ha hecho todo lo posible por contactar con los titulares de los derechos de autor del material reproducido en este libro. Cualquier omisión será rectificada en impresiones posteriores si se notifica al editor.

Copyright © 2025 Creative Education, Creative Paperbacks
Derechos de autor internacionales reservados en todos los países.
Ninguna parte de este libro puede ser reproducida de ninguna forma sin permiso escrito del editor.

Library of Congress Cataloging-in-Publication Data
Names: Whiting, Jim, 1943- author.
Title: El Liverpool FC / Jim Whiting.
Other titles: Liverpool FC. Spanish
Description: Mankato, Minnesota : Creative Education and Creative Paperbacks, 2025. | Series: Odysseys in sports. Campeones de fútbol | Includes index. | Audience: Ages 12-15 | Audience: Grades 7-9 | Summary: "Translated into North American Spanish, a sports history for teen readers of the English soccer club Liverpool FC, highlighting the association football team's championship cups and the players who helped it achieve worldwide fame"-- Provided by publisher.
Identifiers: LCCN 2024026526 (print) | LCCN 2024026527 (ebook) | ISBN 9798889897927 (library binding) | ISBN 9781682778579 (paperback) | ISBN 9798889898047 (ebook)
Subjects: LCSH: Liverpool Football Club--History--Juvenile literature.
Classification: LCC GV943.6.L55 W4518 2025 (print) | LCC GV943.6.L55 (ebook) | DDC 796.33409427/53--dc23/eng/20240710
LC record available at https://lccn.loc.gov/2024026526
LC ebook record available at https://lccn.loc.gov/2024026527

Impreso en China

Liverpool FC en 1966

Raheem Sterling

CONTENIDO

Introducción 9

Rojos y Kopites 15

El Derbi del Noroeste 20

La abuela podría ser mejor 26

Una leyenda aterriza en Liverpool 31

Hombres adultos lloran 39

La pérdida de uno es la ganancia de otro 43

La racha de éxitos continúa 45

Memorable Merseyside 51

Una década en el marasmo, y vuelta arriba 61

Los muchos sombreros de Paisley 63

El milagro de Estambul 70

La magnífica visión de Gerrard 75

Bibliografía seleccionada 76

Glosario 77

Sitios web 79

Índice 80

LIVERPOOL FC

Introducción

El fútbol (o balompié, como se le conoce en casi todo el mundo), es verdaderamente un juego universal. En ningún lugar es más competitivo que en Europa. Casi todos los países europeos tienen su propia liga. Generalmente esa liga tiene varios niveles. Cada equipo de cada nivel juega contra los demás equipos de su nivel dos veces, una en casa y la otra en el **terreno de juego**. Un equipo obtiene tres puntos por una victoria, un punto por un empate y ningún punto por una derrota.

ENFRENTE: Milan Baros, del Liverpool, controla el balón durante una semifinal de la Liga de Campeones de la UEFA entre el Liverpool y el Chelsea el 3 de mayo de 2005, en Liverpool, Inglaterra.

Una temporada típica dura ocho o nueve meses, desde finales de verano hasta mediados de primavera. Al final de la temporada, los equipos más rezagados (normalmente tres o cuatro, según el total de puntos) de una categoría descienden (bajan) a la categoría inmediatamente inferior. El mismo número de equipos más altos de esa grada inferior ascienden (suben) para sustituirlos. Este sistema mantiene un alto nivel de competición. Los partidos de final de temporada entre equipos con registros perdedores siguen siendo importantes, ya que tratan de evitar el descenso.

Los países también organizan torneos nacionales, como la Copa de la Asociación de Fútbol (FA) de Inglaterra y la Copa del Rey de España. En teoría, estos torneos permiten que casi cualquier equipo tenga la oportunidad de ganar el campeonato. Pero en realidad, los mejores clubes dominan la competición.

Un partido amistoso del Liverpool

Un surtido de torneos de ámbito europeo complementa las ligas y copas nacionales. El más prestigioso es la Liga de Campeones de la Unión de Asociaciones Europeas de Fútbol (UEFA). Conocida como Copa de Europa hasta 1992-93, la Liga de Campeones es un torneo que incluye 32 equipos hasta la temporada 2024-25 y 36 equipos a partir de entonces. Se eligen principalmente entre los mejores clasificados de las ligas nacionales más potentes de la temporada anterior. Por ejemplo, el Liverpool quedó segundo en la Premier League, la máxima categoría de Inglaterra, en 2021-22, lo

ENFRENTE El defensa Gary Ablett y el Liverpool conquistaron el campeonato de liga en 1989-90.

que le clasificó para la Liga de Campeones de 2022-23.

Hasta la temporada 2024-25, el torneo comenzó con ocho liguillas de cuatro equipos. Cada equipo jugaba dos partidos con los otros tres, en casa y fuera. Los dos primeros de cada grupo, basándose en los totales **agregados**, comenzaban una serie de **rondas eliminatorias**, también disputadas sobre una base agregada de dos partidos. Los dos últimos equipos jugaron un único partido de campeonato en una sede neutral. El torneo se disputa **simultáneamente** con la liga y la copa, comenzando en septiembre y concluyendo en mayo.

Los equipos que ganan su liga, su copa nacional y la Liga de Campeones durante la misma temporada obtienen el Triplete Continental. Se trata de una de las hazañas más difíciles de todo el deporte profesional. Sólo siete equipos lo han logrado.

LIVERPOOL FC

Rojos y Kopites

Para mucha gente, la ciudad inglesa de Liverpool significa una cosa: la ciudad natal del mundialmente famoso grupo de rock los Beatles. Pero casi 2.000 años antes de los Beatles, un pequeño grupo de colonos formó una aldea en un arroyo fangoso llamado "lifrugpool" que desemboca en el río Mersey. En 1207, el rey Juan concedió un fuero a lo que entonces se conocía como Liverpool para desarrollar un puerto marítimo en el punto donde el Mersey desemboca en el mar de Irlanda.

ENFRENTE: El rey Juan de Inglaterra

En la década de 1800, Liverpool se había convertido en uno de los puertos ingleses más importantes, enviando productos manufacturados a todo el mundo. Tras sufrir una depresión económica a finales de la década de 1900, Liverpool es hoy un centro de música, arte y cultura, así como de finanzas y tecnología.

Más o menos al mismo tiempo que el rey Juan concedía los fueros a la ciudad, aparecieron los primeros relatos escritos sobre el fútbol. En una de sus formas, conocida como "fútbol multitudinario", las poblaciones de pueblos **adyacentes** -normalmente separados por varios kilómetros- intentaban patear vejigas de animales infladas hacia un punto prominente del pueblo contrario. El deporte era tan violento -con el resultado de varias muertes- que varios reyes intentaron prohibirlo. El rey Eduardo II fue el primero, en 1314. Eduardo IV decretó que "ninguna persona podrá practicar... el fútbol" en 1477.

No toda la realeza opinaba lo mismo. En 1526, el rey Enrique VIII encargó un par de botas de fútbol para su uso personal, y algunos historiadores creen que pudo haber jugado ocasionalmente. Según el escritor deportivo Vivek Chaudhary, "La versión del fútbol que él jugaba, sin embargo, era completamente diferente del juego moderno. No habían reglas específicas, ni porterías, ni terreno de juego, y el juego consistía en grupos de hombres jóvenes pateando una pesada pelota de cuero alrededor de un campo, sufriendo a menudo graves lesiones".

Avance rápido hasta 1863. La recién creada Asociación de Fútbol elaboró un reglamento uniforme. Surgieron equipos como setas por toda Inglaterra, y

Liverpool no fue una excepción. El principal de los nuevos clubes fue el Everton Football Club (FC), bautizado con el nombre de un distrito de la ciudad y fundado en 1878. Diez años después, el Everton se convirtió en miembro fundador de la Football League, la liga de fútbol competitivo más antigua del mundo. El campo local del equipo era conocido como Anfield, propiedad del presidente del equipo, John Houlding, dueño de una cervecería (y futuro alcalde de Liverpool). La junta directiva del equipo pronto se enfadó con las elevadas tarifas de alquiler que Houlding empezó a cobrar. También les molestaba el monopolio de Houlding sobre la cerveza que se vendía en los partidos.

La tensa situación llegó a un punto crítico a principios de 1892, cuando el club decidió trasladarse a unas nuevas instalaciones. Ante la perspectiva de un campo vacío, Houlding convenció rápidamente a un

John Houlding

El Derbi del Noroeste

Incluso antes de que Newton Heath cambiara su nombre por el de Manchester United, era uno de los grandes rivales del Liverpool. Los partidos entre los dos equipos se conocen como el Derbi del Noroeste. En un partido memorable, el 12 de octubre de 1895, el delantero del Liverpool Frank Becton abrió el marcador a los siete minutos, con un saque de esquina bien colocado. El Liverpool añadió dos goles más en la primera parte, aunque los "Heathens" (como se conocía comúnmente a Newton en aquella época) marcaron justo antes del descanso. El Liverpool destrozó la defensa del Newton Heath con cuatro tantos en la segunda parte. El triunfo por 7-1 siguió siendo el mayor margen de victoria de los Reds en la larga serie hasta 2023.

grupo de otros miembros del Everton para que fundaran el Liverpool FC. Permanecerían en Anfield, que con el paso de los años se ha convertido en uno de los campos más emblemáticos de Inglaterra. El recién nombrado entrenador, John McKenna, recorrió su Escocia natal en busca de jugadores, y el equipo recibió el apodo de "Equipo de todos los Macs".

Cuando la Football League rechazó la solicitud de afiliación del nuevo equipo, el Liverpool se unió a la Lancashire League, una organización de equipos del condado de Lancaster. El club de Liverpool abrió el juego el 1 de septiembre de ese año, con el extremo Malcolm McVean marcando el primer gol de la historia del Liverpool en una goleada por 7-1 al Rotherham Town. El Everton también jugó ese mismo día, sentando así las bases de una de las rivalidades más duraderas del fútbol inglés: el Derbi de Merseyside. Aunque al principio el Everton, más consolidado, superó con creces a los **novatos**, la asistencia de público aumentó durante la temporada, ya que el Liverpool ganó el triplete (tres campeonatos): Liga de Lancashire, Copa del Distrito de Liverpool y Copa de Reservas. Este éxito atrajo la atención de la Football League, que reconsideró su anterior negativa y admitió al Liverpool en la Segunda División de la liga. Ahora el club jugaría con los grandes.

E l Liverpool ganó el título de la Segunda División en su **debut** en la temporada 1893-94. Se enfrentó al último equipo de la Primera División, el Newton Heath (ahora conocido como Manchester United) en un partido de desempate.

El Liverpool ganó 2-0 y ascendió a la Primera División. El partido marcó el inicio del Derbi del Noroeste, una de las rivalidades más acaloradas del fútbol inglés, ya que el Liverpool y el Manchester han sido rivales comerciales durante mucho tiempo. El Liverpool se encontró con una competición de Primera División mucho más difícil, terminando 16º la temporada siguiente.

Tras descender de nuevo a la Segunda División en 1895-96, el Liverpool volvió a terminar primero. Lo más destacado fue una goleada por 10-1 sobre el Rotherham, récord entonces de la liga en cuanto a goles marcados en un partido. El delantero George Allan marcó cuatro goles en la goleada, mientras que McVean añadió un **triplete**. El Liverpool volvió a subir a la Primera División en 1896-97 y esta vez se mantuvo en ella, ganando el título de liga en 1900-01. El delantero Sam Raybould lideró al equipo con 18 goles, la primera de las cuatro veces que sería el

El fiable delantero centro Albert Stubbins era conocido por su juego potente pero desinteresado.

máximo goleador del equipo durante sus siete años en el club. Sus 130 goles en su carrera siguieron siendo el estándar del equipo durante 37 años.

Para entonces, el Liverpool había adquirido su perdurable apodo de Reds, basado en el color de su camiseta, que a su vez reflejaba el color oficial de la ciudad de Liverpool. Descendido de nuevo en 1903-04, los Reds ganaron la Segunda División por tercera vez la temporada siguiente. En 1905-06, el equipo celebró su regreso a la Primera División conquistando su segundo título. El delantero Joe Hewitt marcó 27 goles, mientras que el robusto Alex Raisbeck y el portero Sam Hardy anclaron la defensa. El sitio web oficial del equipo observa: "¿Un

La abuela podría ser mejor

Delantero de adolescente, Elisha Scott se ensañó una vez con el portero de su equipo. "¡Mi abuelita podría ser mejor portera que tú!", gritó. Scott se encontró en la portería al partido siguiente... y allí se quedó. Su carrera de 22 temporadas es la más larga de la historia del equipo. Destacó especialmente por su rivalidad con la prolífica goleadora del Everton, Dixie Dean. Supuestamente, cuando los dos hombres se cruzaban por las calles de Liverpool, Dean daba un golpecito con su sombrero, en referencia a su habilidad para cabecear el balón. Scott se tiraba al suelo, con los brazos extendidos, como si estuviera haciendo una parada.

equipo recién ascendido ganando el Campeonato de Liga? Nunca ocurriría hoy... El Liverpool pisoteó a la aristocracia del fútbol inglés para devolver el Campeonato a Anfield por segunda vez".

Para honrar ese **logro señalado** y recompensar al creciente número de seguidores del equipo, éste construyó en 1906 una nueva terraza elevada de ladrillo en uno de los extremos de Anfield. Se llamó Spion Kop, en referencia a una sangrienta batalla durante la Guerra de los Bóers (1899-1902) en la que murieron decenas de soldados ingleses, muchos de los cuales eran de Liverpool. Acortado a Kop (derivado de la palabra holandesa para "colina"), se convirtió prácticamente en sinónimo del nombre para todo el estadio, y hasta el día de hoy los aficionados del Liverpool son conocidos a menudo como Kopites.

El Kop no ayudó al rendimiento del equipo sobre el terreno de juego. Los Reds cayeron en picado hasta el puesto 15º la temporada siguiente y coquetearon continuamente con el descenso después de esa. El juego constante de la guardameta Elisha Scott contribuyó a evitarlo. Uno de los pocos momentos destacados durante este periodo llegó el 25 de abril de 1914. El Liverpool llegó por primera vez a la final de la Copa de Inglaterra, pero perdió por 1-0 ante el Burnley. Tres meses después, comenzó la Primera Guerra Mundial, y la competición a nivel nacional terminó.

Soldados de la Primera Guerra Mundial juegan al fútbol.

LIVERPOOL FC

Una leyenda aterriza en Liverpool

Cuando se reanudó el juego en 1919, la suerte del equipo mejoró. Tras dos cuartos puestos, los Reds se hicieron con los títulos consecutivos de la Primera División en 1921-22 y 1922-23. El delantero Harry Chambers lideró a los Reds durante esta época, siendo el máximo goleador durante cinco años consecutivos.

ENFRENTE: Los Reds de 1919-20 incluían a los goleadores Jackie Sheldon, Chambers, Fred Pagnam, Dick Forshaw y Albert Pearson (primera fila, de izquierda a derecha).

Quizás su logro más impresionante se produjo en el derbi de Merseyside de 1922, en el que anotó un triplete en la goleada por 5-1 a los evertonianos. Su compañero Dick Forshaw fue un complemento ideal en las temporadas en las que ganó el título, anotando 20 goles en las dos ocasiones.

Una vez más, el Liverpool cayó de los primeros puestos. En los 16 años siguientes, los Reds sólo consiguieron un par de cuartos puestos. Era más habitual encontrarlos en la zona media, y apenas evitaron el descenso a mediados de la década de 1930 con temporadas consecutivas en los puestos 19º y 18º. El delantero Gordon Hodgson era uno de los pocos motivos de alegría para los kopitas.

El corpulento sudafricano de 1,90 metros se incorporó al equipo en 1925 y marcó 233 goles en liga en sus 11 años como Red, el segundo total más alto de la historia del equipo.

Además de las proezas de Hodgson en el campo, el otro acontecimiento digno de mención durante esta época se produjo en 1928. La Kop se amplió para albergar hasta 30.000 espectadores que permanecieran de pie durante todo el partido. Se remató con un tejado de hierro en ángulo, que sirvió para amplificar la ya imponente cantidad de sonido que emitían los seguidores del equipo.

Poco más de una década después un tipo de sonido totalmente diferente -disparos- provocaría la segunda suspensión del fútbol inglés en menos de un cuarto de siglo. El 1 de septiembre de 1939, las fuerzas alemanas invadieron la nación vecina de Polonia. Casi toda

Roger Hunt (centro) lucha contra los jugadores del Tottenham Hotspur londinense Ron Henry (izquierda) y Cliff Jones (derecha).

Bill Shankly remodeló el Liverpool para convertirlo en un equipo campeón.

Europa -y una gran parte del resto del mundo- pronto estaría en guerra.

P oco después de que terminara la Segunda Guerra Mundial en 1945, la historia se repitió cuando los Reds ganaron el título de la Primera División de 1946-47, para caer inmediatamente en picado en la clasificación. Uno de los pocos momentos culminantes de las seis temporadas siguientes llegó cuando el Liverpool terminó segundo en la Copa de Inglaterra de 1950, perdiendo 2-0 ante el Arsenal en la final.

Las cosas fueron aún peor en 1953-54. Los Reds acabaron últimos en la Primera División y descendieron. El problema era simple: no había goleadores fiables. El líder del

"LA GENTE CREE QUE EL FÚTBOL ES UNA CUESTIÓN DE VIDA O MUERTE", DIJO UNA VEZ SHANKLY. "LES ASEGURO QUE ES MUCHO MÁS SERIO QUE ESO".

equipo era el delantero Sammy Smyth, que sólo marcó 13 goles en toda la temporada. Para colmo de males, el equipo sufrió su derrota histórica, una debacle por 9-1 en diciembre contra el Birmingham City. Esta vez, no hubo un rebote rápido para el club. Pasaron ocho temporadas antes de que los Reds ocuparan el primer puesto de la Segunda División y volvieran a ascender en 1962.

En realidad, el resurgimiento había comenzado a finales de 1959, cuando Bill Shankly asumió el cargo de entrenador. En aquel momento, no era una contratación obvia. Shankly nunca había dirigido a un club importante. Pero no cabía duda de su pasión por el fútbol y su compromiso con la victoria. "La gente cree que el fútbol es una cuestión de vida o muerte", dijo una vez Shankly. "Les aseguro que es mucho más serio que eso".

Buscando jugadores que compartieran su actitud, Shankly agitó la plantilla. Sólo en el primer año se marcharon 24 jugadores. Pero conservó a jugadores como el delantero Roger Hunt y el defensa Gerry Byrne, que se convirtieron en miembros clave de un equipo cada vez más exitoso. Hunt marcó 42 goles en 42 partidos en 1961-62, cuando el Liverpool ganó la Segunda División.

Hombres adultos lloran

El 1 de mayo de 1965, el Liverpool se enfrentó al Leeds United en la final de la Copa de la FA en Londres, Inglaterra. Ninguno de los dos equipos había ganado nunca la copa, y ninguno marcó en el tiempo reglamentario. Los Reds se adelantaron a los tres minutos de la prórroga. El defensa Gerry Byrne -que jugó casi todo el partido con una clavícula rota- remató de cabeza un balón del delantero Roger Hunt. El Leeds respondió para empatar, pero el cabezazo en picado a bocajarro del delantero Ian St John a falta de tres minutos para el final de la prórroga dio al Liverpool la primera corona de su historia. "Hombres adultos estaban llorando, y fue el mayor sentimiento que cualquier ser humano puede tener", dijo el entrenador Bill Shankly.

Su cuenta incluyó cinco tripletes y marcó el primero de ocho años consecutivos en los que lideró al equipo en anotación. Los Reds acabaron octavos en su regreso del descenso en 1962-63, y luego se proclamaron campeones de Primera División en 1963-64 y 1965-66. Entre las dos temporadas en las que ganó el título, el Liverpool puso fin por fin a su sequía en la Copa de la FA, derrotando al Leeds United por 2-1 en la final.

En 1964, el centrocampista del Manchester United Phil Chisnall fichó por el Liverpool en una transacción relativamente menor. Se convirtió en el último jugador traspasado directamente entre las dos potencias. Más o menos coincidiendo con el traspaso de Chisnall, se convirtieron en los dos equipos dominantes del fútbol inglés: primero el Liverpool y luego el Manchester. En años posteriores, el capitán del Liverpool, Steven Gerrard, tipificó la antipatía entre los dos equipos. Se negó a seguir la arraigada costumbre futbolística de intercambiar camisetas con el Manchester United después de los partidos-o a permitir que hubiera una camiseta del ManU en su casa.

Al comenzar la década de 1970, Shankly-reconocido ahora como uno de los mejores entrenadores del deporte-continuó incorporando nuevos talentos para mantener fresco a su equipo. El defensa Emlyn Hughes y los delanteros John Toshack y Kevin Keegan fueron decisivos para que los Reds ganaran la Primera División en 1972-73. También ganaron su primer trofeo europeo en 1977. Más de 25.000 aficionados se agolparon en Roma para ver cómo los Reds se imponían por 3-1 al

Borussia Mönchengladbach alemán en la Copa de Europa (actual Liga de Campeones). Para Shankly, la victoria fue especialmente apropiada. Mientras servía en el ejército británico en la Segunda Guerra Mundial, había ayudado a liberar Roma en 1944. Al año siguiente, el Liverpool sumó su segunda Copa de la FA con una paliza por 3-0 al Newcastle United.

Aparentemente en la **cúspide** del éxito, Shankly asombró al Liverpool -y a una gran parte del mundo del fútbol- cuando se retiró pocas semanas después de ganar la Copa de la FA. Frenéticos aficionados intentaron convencerle de que lo reconsiderara. Los trabajadores de una fábrica de Liverpool amenazaron incluso con ir a la huelga,

La pérdida de uno es la ganancia de otro

El delantero Jack Balmer parecía destinado a jugar en el Everton. El equipo le hizo una oferta a la baja en 1935 para que se hiciera profesional. El Liverpool le ofreció casi el doble. Se unió a los Reds. En 1946 se hizo un hueco en el libro de récords del equipo. Después de marcar un hat trick en dos partidos consecutivos, marcó dos en el siguiente. Los aficionados clamaban por un tercer gol. "[El delantero Harry] Eastham inició la carrera que produjo una ocasión angulada para Balmer, que se desvió hacia la derecha y metió el balón en la red ante la mayor ovación que Anfield había conocido en su larga historia", señaló *Liverpool Echo*.

pero sin éxito. Shankly resumió su legado diciendo: "Por encima de todo, me gustaría ser recordado como un hombre desinteresado, que se esforzó y preocupó para que otros pudieran compartir la gloria, y que construyó una familia de gente que podía llevar la cabeza bien alta y decir: 'Somos el Liverpool'".

LIVERPOOL FC

La racha de éxitos continúa

Los aficionados no tenían por qué preocuparse. El Liverpool apenas se inmutó cuando Bob Paisley, asistente de Shankly durante muchos años, asumió las riendas. En una racha extraordinaria, el equipo fue primero o segundo en la Primera División de 1972-73 a 1979-80 y se hizo con dos títulos consecutivos de la Copa de Europa en 1976-77 y 1977-78. Jugadores como el delantero Kenny Dalglish, el centrocampista Graeme Souness y el defensa Alan Hansen contribuyeron a mantener la superioridad del Liverpool.

ENFRENTE: El delantero Kenny Dalglish en acción contra el Tottenham Hotspur, años 80

En 1980-81, los Reds terminaron quintos en Primera División, pero regresaron a la final de la Copa de Europa por tercera vez en cinco años para enfrentarse al Real Madrid español. El Real había ganado las cinco primeras ediciones de la Copa, aunque esta era la primera aparición del club en la fase final en 15 años. En una lucha cerrada, el centro del campo y la defensa del Liverpool mantuvieron a raya a los atacantes del Real. En el minuto 82, el defensa del Liverpool Alan Kennedy recibió un saque de banda, regateó a varios defensas y clavó un zurdazo corto desde un ángulo agudo en la escuadra de la portería, logrando el triunfo por 1-0.

Tras una notable remontada durante la temporada siguiente -el Liverpool había caído hasta el undécimo puesto a finales de diciembre, pero se recuperó para ganar la corona de la Primera División en la última jornada-, Paisley puso punto final a su carrera. Había ganado al menos un trofeo importante cada año excepto el primero. El delantero Ian Rush contribuyó a dar a Paisley una despedida memorable cuando marcó cuatro goles en la goleada por 5-0 sobre el Everton en noviembre de 1982. Rush sigue siendo el único jugador de los Reds que ha anotado un triplete en Goodison Park, el campo del Everton.

El Liverpool continuó su racha de éxitos bajo la dirección de Joe Fagan, otro **protegido** de Shankly. Los Reds ganaron la Copa de la Liga de Fútbol -un torneo eliminatorio similar a la Copa de la FA pero en el que sólo participan los 92 equipos del sistema de la Liga de Fútbol inglesa- y la Primera División en 1983-84, y después se enfrentaron al Roma italiano en

El lateral Phil Neal

la Copa de Europa. El Liverpool se adelantó pronto en el marcador cuando el portero del Roma falló un tiro a puerta. El balón rebotó en su cabeza directamente hacia el lateral Phil Neal, que remató con facilidad desde aproximadamente 8 yardas (7 metros) fuera. La Roma empató justo antes del descanso y dominó la segunda parte, aunque ninguno de los dos equipos pudo marcar. Por primera vez en la historia, los lanzamientos desde el punto de penalti determinaron el ganador. Con el Liverpool por delante 3-2, el portero Bruce Grobbelaar hizo girar sus piernas en contorsiones parecidas a las de un espagueti, lo que pareció inquietar al jugador de la Roma que lanzaba el penalti. El balón golpeó en la parte superior del travesaño y se fue a las gradas. Instantes después, Kennedy -el héroe tres años antes- envió el balón a la escuadra izquierda de la portería para sentenciar la victoria. El triunfo convirtió al Liverpool en el primer equipo inglés en ganar tres grandes competiciones en la misma temporada.

En un hecho curioso, el Liverpool fue subcampeón en cinco competiciones durante la temporada 1984-85. Cuatro fueron la Primera División, la Community Shield, la Supercopa y el Mundial de Clubes. La quinta llegó en la Copa de Europa e implicó una de las mayores tragedias de la historia del fútbol europeo. El Liverpool perdió contra el Juventus italiano, pero 39 aficionados del Juventus murieron y cientos más resultaron heridos en una estampida instigada por seguidores del Liverpool. Al considerar al Liverpool culpable del desastre, la UEFA suspendió a los equipos ingleses de la competición de la Copa de Europa durante cinco años. Un funcionario de la UEFA lo calificó como "la hora más oscura de la historia de las competiciones de la UEFA".

Dalglish se convirtió en jugador-entrenador cuando Fagan se retiró tras sólo dos temporadas, y los logros no decayeron. En 10 temporadas bajo tres entrenadores (de 1981 a 1991), el

Memorable Merseyside

Quizás el encuentro más memorable de Merseyside se produjo durante la quinta ronda de la Copa de Inglaterra 1990-91. El primer partido terminó en empate sin goles. El partido se repitió tres días después. El Liverpool marcó. Luego marcó el Everton. Ese patrón se repitió tres veces más. Tony Cottee, del Everton, cuyo gol hizo el 4-4 final, dijo: "Nos habíamos ganado otra repetición, y el lugar enloqueció". Tras el partido, el vestuario del Liverpool estalló en gritos y señalamientos con el dedo. Con toda la tensión, el entrenador Kenny Dalglish empezó a preocuparse por su salud y dimitió abruptamente. En medio de la agitación, la segunda repetición del derbi fue casi una ocurrencia tardía. El Everton ganó 1-0.

Los disturbios multitudinarios en la Copa de Europa de 1985 marcaron un momento oscuro en la historia del Liverpool.

Liverpool ganó seis títulos de Primera División y quedó segundo en las otras cuatro.

Desgraciadamente, en 1989 se había producido otra tragedia en la que se vio envuelto el equipo, cuando el Liverpool se enfrentó al Nottingham Forest en las semifinales de la Copa de la FA. Miles de seguidores del Liverpool se abalanzaron sobre las ya abarrotadas zonas de espectadores. Cuando se rompió una barrera, los aficionados cayeron en cascada unos sobre otros. Noventa y seis personas murieron en el aplastamiento y casi 800 resultaron heridas. El partido fue suspendido. El Liverpool ganó la repetición tres semanas después, y luego derrotó al Everton en la segunda final disputada íntegramente en Merseyside en cuatro años. Rush anotó dos goles para los Reds en la victoria por 3-2.

En 1992, la máxima categoría del fútbol inglés experimentó un cambio significativo con la formación de la Premier League. En esencia, la nueva liga sustituyó a la Primera División y se hizo mucho más lucrativa. El sistema de ascensos y descensos continuó como antes.

Aunque el Liverpool había dominado la Primera División hasta ese momento, a los Reds no les fue tan bien en los años siguientes en la Premier. A pesar de los esfuerzos de jugadores como el delantero Michael Owen -que lideró la liga en anotación durante sus dos primeros años en el equipo y fue el líder del Liverpool durante los cinco siguientes-, el mejor resultado del equipo en la primera década fue un segundo puesto en 2001-02. Fue especialmente irritante que su gran rival, el Manchester

United, ganara la asombrosa cifra de 13 títulos en los primeros 20 años de la nueva liga.

Los Reds, sin embargo, dejaron su huella de otras maneras. En 2001, ganaron un triplete de copa. Comenzó con una victoria en la Copa de la Liga en febrero. En mayo, el Liverpool derrotó al Arsenal por 2-1 y se llevó la Copa de Inglaterra, con dos goles de Owen en los siete minutos finales. Cuatro días después, los Reds alzaron la Copa de la UEFA tras derrotar al Alavés español en una alocada contienda (5-4). Los equipos estaban empatados a 4 al final del tiempo reglamentario, y a cada uno se le anuló un gol en la prórroga por fuera de juego. El partido terminó cuando un

Steven Gerrard

defensa del Alavés introdujo de cabeza el balón en su propia portería.

Quizás el logro más señalado del Liverpool durante esta era se produjo en 2005 en la 50ª edición de la Copa de Europa, conocida como Liga de Campeones desde 1992-93. Tras ir perdiendo por 3-0 ante el AC Milan italiano en el descanso, el Liverpool remontó hasta empatar el marcador y ganó en la tanda de penaltis. Los mismos equipos volvieron a enfrentarse dos años después. Esta vez, la fortuna favoreció a los italianos, ya que el Milan llegó con una ventaja de 2-0 a los instantes finales del partido. Una desesperada remontada del Liverpool en produjo un gol del delantero Dirk Kuyt a falta de dos

"JOHN ARNE RIISE LANZÓ UN TIRO LIBRE CON TANTA FUERZA QUE EL BALÓN ROMPIÓ LA PIERNA DEL CENTROCAMPISTA ALAN SMITH".

minutos, pero el Milan resistió para ganar.

Intercalada entre esos dos partidos estuvo la victoria de los Reds en la Copa de Inglaterra de 2005-2006. Uno de los momentos más memorables del camino del Liverpool hasta la final se produjo durante la quinta ronda contra el Manchester United. El defensa del Liverpool John Arne Riise lanzó un tiro libre con tanta fuerza

El Liverpool ganó el título de la Liga de Campeones de la UEFA en 2005.

que el balón rompió la pierna del centrocampista Alan Smith. Luego, en la final contra el West Ham United, el dramático gol de Gerrard desde 35 metros empató el marcador a 3-3 a sólo unos segundos del final. El portero Pepe Reina detuvo tres de los cuatro lanzamientos de penalti del West Ham, y Riise anotó el gol de la victoria para dar a los Reds su séptimo trofeo de la Copa.

LIVERPOOL FC

Una década en el marasmo, y vuelta arriba

Después, en 2005, los Reds derrotaron al CSKA de Moscú en la Supercopa de la UEFA, igualando al campeón de la Liga de Campeones y al vencedor de la Copa de la UEFA, de menor nivel. Luego, a principios de la temporada 2006-07, el Liverpool derrotó al Chelsea por 2-1 para ganar la Community Shield. Esta competición se remonta a 1908 y, tras varios cambios de formato, actualmente empareja al campeón de la Premier League con el vencedor de la Copa de la FA. Aparte de eso, sin embargo, no hubo ninguna incorporación a la vitrina de trofeos del equipo durante cuatro temporadas.

ENFRENTE: Un jugador del Liverpool FC lucha por el balón.

El equipo hizo una adquisición clave en 2011, al incorporar al delantero Luis Suárez. "Tenemos suerte de tener a un talento de talla mundial como Luis jugando aquí", dijo Gerrard. "Está a gran distancia como el mejor jugador con el que he jugado". Suárez ayudó a los Reds a ganar su octava Copa de la Liga de Fútbol en 2012. Eso les situó muy por delante del siguiente equipo más cercano, el Aston Villa, que había ganado la competición en cinco ocasiones.

Las **secuelas** de esa victoria fue otra sequía de campeonatos, esta vez de seis temporadas. El Liverpool se acercó agónicamente a su primer título de la Premier League en 2013-14, encadenando una racha de 11 victorias consecutivas hasta alcanzar una ventaja de cinco puntos sobre el Manchester City a falta de sólo tres partidos. Pero una derrota ante el Chelsea, seguida de un revés del "Milagro de Estambul" -los Reds empataron con el Crystal Palace

Los muchos sombreros de Paisley

Nadie está más estrechamente vinculado al Liverpool FC que Bob Paisley. Dedicó casi medio siglo de su vida al equipo. Fue un destacado defensa durante una década. Después de su época de jugador, se convirtió en fisioterapeuta autodidacta. Los jugadores se maravillaban de su capacidad para diagnosticar problemas simplemente observándoles caminar unos pasos. Tras 15 años como segundo entrenador del legendario Bill Shankly, Paisley se convirtió su mismo en una leyenda. Si el equipo se volvía un poco complaciente, decía: "Si ya estáis hartos de ganar, venid a verme y os venderé a todos y compraré 11 jugadores nuevos".

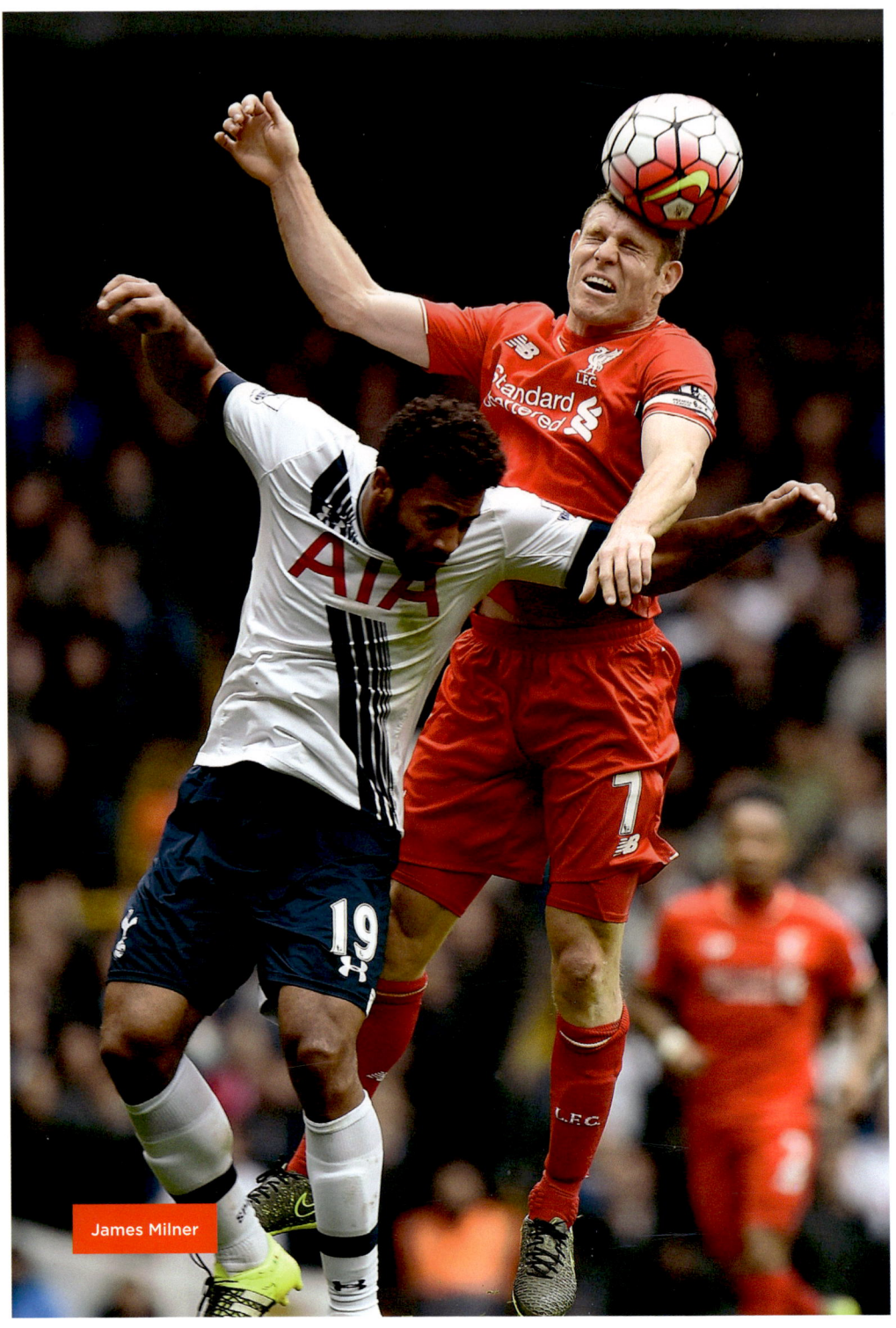

en el penúltimo partido tras ceder tres goles en los últimos 10 minutos-, provocó que acabaran segundos por dos puntos. A pesar de la decepción, el defensa Martin Škrtel se mostró optimista. "Creo que es una buena experiencia para la próxima temporada", dijo. "Creo que hay calidad en este equipo y que podemos seguir así también para la próxima temporada".

"La próxima temporada" -2014-15- resultó decepcionante. El Liverpool sólo fue sexto en la Premier League, a la friolera de 25 puntos del líder, el Chelsea.

Sin embargo, el prestigioso entrenador Jürgen Klopp se unió al equipo en la temporada 2015-16. El Liverpool cayó hasta la octava posición. Los Reds se recuperaron en 2016-17, terminando cuartos, con un solo punto de ventaja sobre el Arsenal, lo que dio al Liverpool un puesto en la Liga de Campeones en la temporada siguiente. Llegaron a la final por primera vez en 13 temporadas

El seleccionador Jürgen Klopp

para enfrentarse al poderoso Real Madrid español. Tras una primera parte sin goles, el Real se impuso por 3-1.

A pesar de la derrota, era evidente que los Reds iban camino de recuperar sus glorias anteriores. Una de las principales razones fue el énfasis de Klopp en *Gegenpressing*. Esto significa que cuando su equipo perdía el balón, los jugadores intentaban recuperarlo inmediatamente

"EL ADVERSARIO SIGUE BUSCANDO ORIENTACIÓN POR DONDE PASAR EL BALÓN. HABRÁ QUITADO LA VISTA DEL JUEGO".

en lugar de replegarse en defensa. "El adversario sigue buscando orientación por donde pasar el balón", explicó Klopp. "Habrá quitado la vista del juego".

Otro factor fue la incorporación del delantero Mohamed Salah en 2017-18. "No tenemos que hablar de lo que [las superestrellas del fútbol Lionel] Messi y [Cristiano] Ronaldo han hecho por el fútbol mundial y su dominio", dijo Klopp. "Pero ahora mismo , él [Salah] es el mejor". Esa temporada de la Premier League fue prácticamente una copia de la anterior, con una importante diferencia. De nuevo, el Liverpool terminó cuarto. Pero a pesar de perder tres partidos en la liguilla de la Liga de Campeones, un grupo débil les permitió avanzar. Los Reds se sobrepusieron a una derrota por 3-0 ante el Barcelona en la ida de las semifinales ganando 4-0 en casa.

Ahora se enfrentaban al Tottenham Hotspur en la segunda final totalmente inglesa. Salah marcó en menos de dos minutos de penalti. Aunque el Tottenham tuvo casi un 2 a 1 en posesión del balón, no pudo marcar. El delantero suplente Divock Origi aseguró la victoria en el minuto 87 para el 2-0. Era el sexto título de Liga de Campeones del Liverpool. Sólo el Real Madrid (15) y el AC Milan (7) tienen más.

El Liverpool sumó 99 puntos en 2019-20 para dominar la clasificación de la Premier League y terminar 18 puntos por delante del Manchester City. Fue el segundo total de puntos más alto en la historia de la liga,

Mohamed Salah

El milagro de Estambul

La famosa final de la Liga de Campeones de 2005 en Estambul (Turquía) no empezó de forma prometedora para el Liverpool. El AC Milan marcó en el primer minuto y añadió dos goles más antes del descanso. Pero en seis minutos increíbles al principio de la segunda parte, el Liverpool volvió a derribar al club italiano. Primero, Steven Gerrard remató de cabeza un centro. Dos minutos después, el centrocampista Vladimír Šmicer marcó el segundo gol del Liverpool desde el borde del área. Cuatro minutos después, Gerrard recibió una falta en el área. El portero del Milan desvió el lanzamiento penal del defensa del Liverpool Xabi Alonso, pero éste remató el rechace para empatar el marcador. El partido se fue a la tanda de penales. El Liverpool ganó 3-2.

su primer título en la era de la Premier League y el 19º título en total. Los Reds también ganaron la Supercopa de la UEFA 2019, derrotando al Chelsea en la tanda de penaltis. Añadieron un tercer trofeo, la Copa Mundial de Clubes. La competición enfrenta a equipos campeones de Asia, África, Norteamérica/Centroamérica/Caribe, Sudamérica, Europa y el país anfitrión.

No pudieron mantener el impulso en 2020-21. Necesitaron una racha de 10 partidos invictos al final de la temporada para aferrarse a duras penas al tercer puesto.

El Liverpool se recuperó para ganar la Copa de la FA y la Copa Carabao (antigua Copa EFL) en 2021-22. Apenas se perdieron lo que habría sido un cuádruple histórico, terminando segundos tanto en la Premier League (por un punto ante el Manchester City) como en la Liga de Campeones (perdiendo ante el Real Madrid por 1-0 en la final).

Una racha de 11 partidos invicto al final de la temporada 2022-23 de la Premier League no fue suficiente para asegurar una posición entre los cuatro primeros. El Liverpool terminó quinto y no se clasificó para la Liga de Campeones por primera vez en siete años.

Los Reds tuvieron un buen comienzo en 2023-24, manteniendo una estrecha ventaja en la Premier League en el ecuador de la temporada. Klopp asombró a los seguidores de los Reds y al resto del mundo del fútbol cuando anunció que dejaría el club como entrenador al final de la temporada. El equipo le dio una despedida digna poco después, cuando ganaron la Copa Carabao por décima vez, un récord, derrotando al Chelsea por 1-0.

Ése resultó ser el punto álgido de la temporada, ya que un bajón a finales de temporada se tradujo en un tercer puesto en la Premier League. También perdieron en los cuartos de final de la Copa de la FA.

Con sus días de descenso sólo como un recuerdo lejano y desagradable, el Liverpool ha seguido siendo un fijo en los niveles más altos del fútbol inglés. De cara al futuro, los Kopites aspiran a superar a sus rivales tradicionales, el Manchester United y el Everton, así como a otras potencias como el Arsenal, el Chelsea y el Manchester City. Como dirían los Beatles, los Reds están constantemente "Mejorando" y confían en que a menudo "Volverán" a la cima de la Premier League.

La magnífica visión de Gerrard

El centrocampista Steven Gerrard comenzó su carrera en el Liverpool a los nueve años, cuando se inscribió en la Academia FC del equipo. Firmó su primer contrato a los 17 años, convirtiéndose en uno de los jugadores más apreciados de todo el fútbol. Según ESPN FC, "Gerrard es un corredor incansable y tiene una visión de juego soberbia". Gerrard destaca por sus dotes de liderazgo, siendo capitán tanto del Liverpool como de la selección inglesa. Incluso tuvo un pequeño papel en *Will*, una película de 2011 sobre las aventuras de un niño de 11 años del Liverpool que viaja a Estambul (Turquía) para animar al equipo en la final de la Liga de Campeones de 2005.

Bibliografía seleccionada

Cloake, Martin et al. *Soccer: The Ultimate Guide*. Nueva York: DK, 2010.

Oldfield, Matt y Tom Oldfield. *Gerrard: From the Playground to the Pitch (Classic Football Heroes)*. Londres: Dino Books, 2018.

Robinson, Joshua y Jonathan Clegg. *The Club: How the English Premier League Became the Wildest, Richest, Most Disruptive Force in Sports.* New Houghton Mifflin Harcourt, 2018.

UEFA, productora. *Champions of Europe: 50 Years of the World's Greatest Club Football*. DVD. Pleasanton, California: Soccer Learning Systems, 2005.

Wahl, Grant. *Masters of Modern Soccer*. Nueva York: Crown Archetype, 2018.

Walker, Ray. *The Ultimate Liverpool F.C. Trivia Book*. Oxford, Reino Unido: HRP House, 2020.

Williams, John. *Red Men: Liverpool Football Club; the Biography.* Edimburgo, Escocia: Mainstream, 2011.

Glosario

adyacente	junto a
agregado	el total de goles de dos o más partidos
cúspide	nivel más alto
debut	primero
derbi	un partido en el que participan equipos de la misma ciudad o región
logro señalado	logro especialmente notable
lucrativo	rentable
novato	recién llegado, alguien sin experiencia o poco desarrollado
protegido	persona guiada y apoyada por alguien con más experiencia
ronda eliminatoria	ronda en la que el equipo perdedor es eliminado
secuela	algo que sigue a un acontecimiento concreto
simultáneamente	al mismo tiempo
sin éxito	ineficaz, inútil
terreno de juego	campo de fútbol
triplete	marcar tres o más goles en un partido

Ian Callaghan en 1973